MARGOT KÄSSMANN

STILLE UND WEITE

FOTOGRAFIEN MONIKA LAWRENZ

MARGOT KÄSSMANN

STILLE UND WEITE

FOTOGRAFIEN MONIKA LAWRENZ

HERDER

FREIBURG · BASEL · WIEN

Für unsere Töchter

VORWORT

Wie schwer fällt es uns, Alltagstrott und Alltagshektik zu unterbrechen und Raum zu geben für die großen Fragen des Lebens, die uns bewegen: Wie will ich leben? Ergibt mein Leben Sinn? Kann ich mit der Begrenztheit meiner Zeit umgehen?
Dabei wissen wir: Es tut der Seele gut, Phasen zu finden, in denen wir das zulassen können, in denen wir uns Zeit nehmen ohne Termine von außen und uns einlassen auf Stille. Am intensivsten lässt sich das nach meiner Erfahrung in der Natur erleben. Die Weite des Meeres etwa oder ein ausgedehnter Wald lassen uns etwas von der Tiefe des Lebens spüren.

Die Fotografin Monika Lawrenz und ich haben uns 2006 auf einer Reise nach Polen kennengelernt.
Beide sind wir in der Freya von Moltke-Stiftung engagiert und waren unterwegs nach Kreisau. Auf dieser Fahrt hat Monika mich wie andere Teilnehmer der Reise, vor allem Musikerinnen und Musiker, mehrfach fotografiert. So gut sie auch Menschen porträtieren kann – besonders begeistert war und bin ich von ihren Landschaftsfotografien. In ihrer heutigen Heimat Mecklenburg-Vorpommern sind alle diese Bilder entstanden. Es ist eine Landschaft, die ich gern mit ihr teile – bei mir zieht sie sich noch etwas weiter östlich hin nach Pommern an die Ostsee, weil meine Familie von dort stammt. Einige der Fotos sind an einem wunderbaren Herbsttag auf Usedom entstanden. Monika hat eine besondere Begabung, mit ihren Bildern zu zeigen, was mich an der Natur – oder wie ich sage: an Gottes Schöpfung – fasziniert: Stille und Weite, Licht und Schatten, Luft und Meer. Es ist für mich eine Freude, diese Bilder anzuschauen. Ich kann mich in sie vertiefen, innerlich nachspüren und nachempfinden, was sich vor meinen Augen entfaltet.

Die Bibel preist an vielen Stellen die Schöpfung, bewundert ihre Vielfalt und ihre Schönheit. Und sie erzählt von Menschen, die sich zurückziehen, um sich neu zu orientieren und Kraft zu schöpfen – in die Wüste, auf einen Berg, in eine Höhle. In der Natur, mit dem Rücken zur tosenden oder verwirrenden Welt des Alltags, auf sich selbst zurückgeworfen, finden sie neue Orientierung im Leben und im Glauben.
Das sind Zeiten der Selbstvergewisserung, in denen die Tiefendimension des eigenen Lebens wahrgenommen werden kann, Zeiten der Gottesbegegnung. Jesus selbst hat solche Zeiten gebraucht, erzählt die Bibel. Etwa, als er in die Wüste ging, um sich über seinen Auftrag klar zu werden. Erst danach begann er, öffentlich zu predigen.
Ruhig zu werden, um auch die zarten Töne zu hören, darum geht es. Die Enge verlassen und sich einlassen auf das äußere und innere Erleben, das ist Teil des Glaubenslebens. Die Natur ist ein guter Ort, um Stille und Weite zu erfahren, äußerlich und innerlich.

Dabei ist mir wichtig: Jesus Christus ist keine Naturgottheit, der wir auf einmal auf dem Waldweg oder am Strand begegnen in einer plötzlichen spirituellen Erfahrung. Christlicher Glaube bindet sich immer an die Bibel und ihre Erzählungen von Gott, von Jesus, vom Glauben der Menschen. Martin Luther lag an gebildetem Glauben: Das war für ihn nicht Glaube als Konvention oder aufgrund von kirchlichem Dogma oder aus spiritueller Begeisterung. Sondern: dem Wort Gottes glauben und seiner Kraft. Ja, Glaube verwurzelt sich in der Bibel. So kann ich das Erleben von Stille und Weite als Teil meines Glaubenslebens verstehen, das seinen Grund in der biblischen Überlieferung hat.

Für Monika Lawrenz und mich ist ein Dialog zwischen Bild und Wort entstanden. Wir wünschen uns, dass beides in dieser Verbindung Menschen anregt, selbst zu empfinden, zu sehen, zu hören, zu schweigen.

Margot Käßmann

MEDITATIONEN

STILLE

Manchmal suche ich die Stille, sehne mich geradezu nach ihr. Wenn mir alles zu viel ist, die Mails, die Gespräche, die Telefonate, der Zeitdruck. Dann erscheint Stille mir wie ein Rettungsanker, um mich selbst nicht zu verlieren, meine Mitte nicht preiszugeben, nicht aus der Balance zu geraten. Den Kontakt zu Gott nicht zu verlieren.
Aber ich weiß auch, dass Stille ängstigen kann. Sie kann einsam machen. Und sie konfrontiert uns mit all den Stimmen in uns selbst, die so schnell nicht still werden.

Stille ist nicht leicht zu finden und manches Mal schwer zu ertragen. Wenn ich mich aber auf sie einlasse, erlebe ich am Ende immer wieder eine Klärung der bedrängenden Fragen, ein Wissen, wohin der Weg führen kann, neue Kraft und Kreativität, die mich stärken und begeistern.

BAUM

Als ich mit meiner Mutter zu ihrem fünfundsiebzigsten Geburtstag in die Heimat nach Hinterpommern fuhr, berührte mich, wie sie die Bäume ihrer Kindheit eher wiedererkannte als alles andere. Das war ihr wichtig: Diese Bäume hatten Krieg und Vertreibung der Menschen überstanden und grüßten sie von früher her.

Ob wir Bäume so lieben, weil sie Wurzeln haben und uns Wurzeln geben? Warum umarmt ein Mensch einen Baum? Weil er Verlässlichkeit zeigt über Jahrzehnte und Jahrhunderte hinweg? Martin Luther wird nachgesagt: Er habe noch heute ein Apfelbäumchen pflanzen wollen, wenn er gewusst hätte, morgen sterben zu müssen. Das ist ein wunderbarer Gedanke.

Vielleicht ist es dieses Überdauern, das uns so fasziniert: Bäume leuchten uns nicht nur aus der Kindheit, sondern erzählen auch von den Generationen vor uns, die sie gepflanzt haben, hier in ihrem Schatten saßen, dort eine Liebe in die Rinde ritzten. Viele Bäume, die wir kennen und die uns kennen, werden noch stehen, wenn wir gestorben sind. Und die Bäume, die wir pflanzen, werden unsere Lebenszeit in der Regel überdauern. So sind sie Botschafter über Generationengrenzen hinweg. Symbole von Standhaftigkeit auch. Und manchmal möchten wir sie am liebsten umarmen.

ERNTE

Roggen, Weizen, Gerste, Hafer – die Getreidefelder standen in meiner Kindheit für Nahrung, ganz unmittelbar für das tägliche Brot, um das wir im Vaterunser bitten. Bei Erntedankfesten ist das vor allem im ländlichen Raum bis heute zu sehen. Die Altäre sind geschmückt mit den Früchten der Erde: Äpfel und Weizen, Kürbisse und Kartoffeln, Zucchini und Tomaten. Sie zeigen Dankbarkeit und das Wissen, dass uns das Land ernährt, auch in der Welt der überquellenden Supermärkte.

Weit verbreitet sich aber inzwischen eine bedrückende Entfremdung von der Ernte der Felder. Das Land wird bebaut für Energiegewinnung, für Biosprit. Kinder wissen nicht, woher Fleisch stammt. Das Brot findet sich im Supermarkt, Lebensmittel sind makellos und verpackt und kommen per Lastwagen. Auch beim Backen beispielsweise ist so vieles vorgefertigt, alles steht unter Zeitdruck, das Glücksgefühl, das sich überm Mehlsieben, Rühren, Gehenlassen und dem Duft aus dem Backofen einstellt, geht verloren. Wertschätzung für Lebensmittel fehlt.
In einer Stadt wie Wien wird täglich die Hälfte des produzierten Brotes weggeworfen.
Darunter leidet auch die Esskultur. In einer Kindertagesstätte müssen Kinder lernen, sich an einen Tisch zu setzen, gemeinsam zu essen, ein Tischgebet zu sprechen. Das kennen sie offenbar nicht mehr.
Und da kommen diese Fragen: Wie kann die Welt satt werden? Wie kann diese abgrundtiefe Ungerechtigkeit überwunden werden, wo die einen Lebensmittel vernichten und die anderen hungern? Jedes Weizenkorn erinnert an diese Ungerechtigkeit. »Unser täglich Brot gib uns heute«, das ist für viele Menschen auf der Welt eine Bitte ums Überleben. Gegenüber dieser Herausforderung dürfen wir nicht abstumpfen!

SPUR

Eine Spur im Schnee. Welchen Weg werde ich gehen? Und wohin? Manches Mal im Leben geraten wir »aus der Spur«. Oder wir nehmen eine falsche Abzweigung.
Zurückschauen zu können, wenn wir älter werden oder dann am Ende des Lebens, und diese Spuren und Abzweigungen, krumm oder gerade, als den eigenen Lebensweg anzunehmen – das ist wohl Gnade.

Am Ende seines Lebens, einer Abenteuergeschichte, in der er verraten und verkauft wurde und viele Höhen und Tiefen erlebt hat, sagt der biblische Josef: »Ihr gedachtet es böse zu machen, Gott aber hat es gut gemacht« (1. Mose/Genesis 50,20). Das ist ein sehr schöner Gedanke, finde ich. Ganz gleich, was geschehen ist, wie übel das Leben oder Menschen mir mitgespielt haben mögen, so, wie es jetzt ist, ist es gut, und im Rückblick kann ich meinen Frieden mit meinem so gelebten Leben finden.

STERBEN

Wenn wir jung sind, erscheint das Leben geradezu endlos. Kinder warten oft ungeduldig, dass Zeit vergeht. Je älter wir werden, desto mehr stellt sich ein anderes Gefühl ein: Die verbleibende Lebenszeit zerrinnt uns unter den Händen. Das nächste Weihnachtsfest kommt viel zu schnell. Die eigene Begrenztheit und Vergänglichkeit werden uns bewusster.

Es gibt Bilder, die uns die Grenzen des Lebens zeigen. Der Tod ist Teil unseres Lebens, das kann die Natur uns auf besondere Weise lehren. Dabei ist nicht Angst bestimmend, sondern Rhythmus, Werden und Vergehen, das Bewusstsein, Teil eines Ganzen zu sein. So gesehen, hat der Tod nicht das letzte Wort. Mitten im alten Leben, das vergeht, keimt das neue auf.

Aus dem Kreuz sprießt die Hoffnung. Die biblischen Geschichten haben Menschen immer wieder mit dem Werden und Vergehen des Lebens in Verbindung gebracht. Wie schrieb Schalom Ben-Chorin: *Freunde, dass der Mandelzweig wieder blüht und treibt, ist das nicht ein Fingerzeig, dass die Liebe bleibt. Dass das Leben nicht verging, soviel Blut auch schreit, achtet dieses nicht gering in der trübsten Zeit.*

KASTANIEN

Wo immer ich in den letzten zwanzig Jahren gelebt habe, gab es Kastanienbäume. Und wenn die erste Kastanie fiel, war das wie ein Zeichen: Der Sommer ist vorbei. Ich liebe diese wunderbaren Früchte. Es fällt mir schwer, sie liegen zu lassen, in jeder Jackentasche findet sich eine, und sie liegen als Herbstgruß auf der Kommode in meinem Flur. So stachelig ist die Hülle, so glatt die Schale. Keine ist wie die andere, jede hat eine ganz individuelle Form. Ich lasse sie in meiner Jacke und nehme sie gern in die Hand, den ganzen Winter hindurch – bis der Frühling kommt und die Kastanienbäume wieder prächtig blühen.

Die Wunder und Schönheiten der Schöpfung werden in der Bibel immer wieder besungen, Menschen freuen sich an der Natur und verstehen sie als Geschenk Gottes. *Herr, wie sind deine Werke so groß und viel! Du hast sie alle weise geordnet, und die Erde ist voll deiner Güter,* heißt es in Psalm 104,24.

Es tut gut, ein Auge für diese Dinge zu haben, sich zu freuen an einer Muschel, einer Blüte, einer Kastanie. Das erhält uns im Alltag den Blick für die Schönheit der kleinen Dinge, die ein Lob Gottes singen.

HIMMEL

Während meiner ersten Schwangerschaft lag ich kurz vor der Geburt meiner Tochter auf einer Maiwiese und habe in den Himmel geschaut. Es war ein anrührender Moment, die Erinnerung daran ist mir sehr lebendig. Was sind die Wege meines Lebens? Wie werden die Wege meines Kindes aussehen?
Der Himmel begleitet uns ein Leben lang. Er verändert sich ständig und ist doch vertraut, wo immer uns der Lebensweg hinführen mag. Wir bleiben unter demselben Himmel, auch wenn wir im Leben Veränderungen erfahren, neue Wege auf uns nehmen müssen, davonziehen wie die Wolken. Über uns bleibt derselbe Himmel. Und Gespräche mit dem Himmel sind oft Gespräche mit Gott.

Dabei muss »himmlisch« nicht »unirdisch« sein. Himmel und Erde können sich berühren, wo Menschen »Himmlisches« umsetzen. Keine Stelle der Bibel zeigt das wohl besser als die Seligpreisungen. Sie beschreiben eine Art Kontrastgesellschaft zu dem, was wir erleben. Die Barmherzigen stehen im Vordergrund, nicht die Durchsetzungsfähigen. Die »reinen Herzens sind«, und nicht die Cleveren. Die »geistlich arm sind« und nicht die Reichen mit Geld. Für mich sind das himmlische Wegweiser, die irdische Welt zu betrachten.

GEWITTERWOLKEN

Im letzten Sommer habe ich morgens beim Joggen am Strand der französischen Atlantikküste den Himmel beobachtet, der sich zu einem Gewitter zusammenzog. Der Anblick hat mich begeistert, fasziniert und sogar ein wenig beängstigt. Was für ein imposantes Schauspiel! Wie eine schwarze Wand verdunkelten die Wolken den Himmel, es gab dumpfes Grollen und zuckende Blitze. Da wird dir bewusst: Der Mensch beherrscht die Schöpfung nicht! Es ist pure Überheblichkeit, zu meinen, die Erde sei uns untertan. Wir Menschen sind nicht die Beherrscher der Schöpfung, sondern Teil von ihr, Geschöpfe.
Tsunamis und Erdbeben, Vulkanausbrüche und Fluten lehren das immer wieder. Es nimmt mich nicht wunder, dass Völker in Himmel und Sonne, Wolken und Gewitter Götter am Werk gesehen haben. Dieses Gefühl, ein kleiner, klitzekleiner Teil unter dem großen Himmel der Welt Gottes zu sein – das kann auf gute Weise Demut erzeugen.
Der Wolken, Luft und Winden gibt Wege, Lauf und Bahn, der wird auch Wege finden, da dein Fuß gehen kann: Dieser Vers aus Paul Gerhardts Lied *Befiehl du deine Wege* klang mir im Leben oft im Ohr.

Gott gibt Lauf und Bahn. Dir wie den Wolken am Himmel. Es werden sich Wege in die Zukunft finden lassen, auch in deinem Leben. Das ist eine Glaubensüberzeugung, die ich ungeheuer tröstlich finde. Und Kraft schenkt sie auch.

GOTTESFRAGE

»Wie sieht eigentlich Gott aus?«, fragte mich ein kleines Mädchen. Eine schwere Frage. Allzu oft haben wir den alten Mann mit dem erhobenen Zeigefinger im Sinn. Aber schon die Bibel hat ganz andere Bilder von Gott! Wie ein Adler ist Gott, unter dessen Flügeln wir Zuflucht finden. Wie eine tröstende Mutter. Wie ein liebender Vater. Wie eine Geistkraft.

Vielleicht müssen wir uns einfach von festen Bildern verabschieden. Wir können Gott vielfältig wahrnehmen: als Freundin, die uns ermutigt, als Vater, der uns trägt, als Kraft, die uns hält, als Mutter, die uns stärkt – das sind besondere Momente im Leben. Momente, in denen der Begriff »Spiritualität« Wirklichkeit gewinnt, weil Glaube erfahrbar, spürbar wird. Und wenn wir Gott spüren, können wir auch mit ihm oder ihr reden.

Mit Gott in ein Gespräch kommen, dazu braucht es auch Übung. Es gibt Stoßgebete und Traditionsgebete, regelmäßiges Gebet am Morgen, Mittag oder Abend, gemeinsames Gebet und Fürbitte. Wenn wir uns darauf einlassen, kommt ein Gesprächsfaden mit Gott zustande, eine Beziehung, die auch von Auseinandersetzung und Zweifel geprägt ist, aber am Ende von Vertrauen getragen sein kann in den Höhen und Tiefen unseres Lebens.

MEER

Meine Familie stammt aus der Nähe von Köslin, nahe der Ostsee. Das hat mir die Sehnsucht nach dem Meer auf wundersame Weise eingepflanzt. Sie klang sozusagen in unsere Kindheit hinein, auch wenn wir weit weg vom Meer aufwuchsen. Es war ein Klang der Freiheit vom Alltag, von frischer Luft, ja, von Stille und Weite.

Für mich ist das immer wieder eine überwältigende Erfahrung, ganz gleich, an welcher Küste der Welt: der Sand unter den Füßen und dieses imposante Schauspiel des Wassers und der Wellen, endlos wie die Ewigkeit Gottes. Am Meer können Lebensfragen in den Hintergrund treten und klein werden angesichts solcher Horizonte. Du kannst deine Angst, die Sorgen oder den Zorn hinausrufen, und das Wasser nimmt sie mit, trägt sie fort im Kommen und Gehen. Sicher, sie lösen sich nicht einfach auf im endlosen Ozean. Aber mir geht es so: Wenn ich weggehe vom Meer, fühle ich mich meist erleichtert, entlastet. So als hätten die Wellen etwas abgetragen von aller Last des Lebens.

WALD

Der Wald steht schwarz und schweiget – oft kommt mir diese Liedzeile in den Sinn, oft habe ich meinen Kindern das Abendlied von Matthias Claudius vorgesungen. Dabei steht er ja gar nicht immer so still!
Der Wald kann rauschen. Er kann dunkel sein und ängstigen. Er kann den Wind spielen lassen mit seinen Blättern und die Sonne mit den Farben und schlicht Freude auslösen. Der weiche Boden kann federn unter unseren Füßen.

Wie schön ist es, Wald zu erleben! Bei einem Spaziergang sagte meine jüngste Tochter neulich: »Ich war so lange nicht im Wald, das habe ich richtig vermisst.« Abitur, Umzug, Studienbeginn hatten sie völlig in Beschlag genommen. Ein Waldspaziergang ist wunderbar. Weil er die Möglichkeit gibt zum Reden und zum Schweigen; zwei können sich an die Hand nehmen oder einer an der Schulter des andern weinen. Die Bäume haben schon so vieles gesehen. Sie werden auch diese Freude, Liebe und den Schmerz in ihre majestätische Haltung mit aufnehmen.
Das Rauschen der Blätter, das Rascheln seiner Bewohner, die Größe, die verwirren kann und nach Wegen suchen lässt, sie machen den Wald immer noch zum Ort des Staunens, des Erhabenen. Den Wald haben wir nicht »im Griff«. Er lehrt uns Gerüche und neue Wahrnehmungen, regt unsere Sinne an. Waldkindergärten haben offensichtlich eine heilsame Wirkung. Als Erwachsene können wir so etwas auch brauchen: um Natur zu erleben nicht als künstlich angelegte Welt oder handtuchbreiten Park, sondern im Großen, abseits der Häuser und der Glitzerwelt.

NEUES GRÜN

Nie im Jahr ist das Grün wie im Frühling, wenn die ersten Blätter sprießen. Und wie sehr freuen sich Menschen an den ersten grünen Zeichen: Schneeglöckchen, Winterlinge, Krokusse. Im späten Frühling und im Sommer dann haben wir uns längst an die Farbenpracht gewöhnt. Erst im Herbst, wenn die Blätter fallen, sehen wir mit einer gewissen Trauer, dass sie vorübergeht.

Die Farben und der Duft des Frühlings sind für mich jedes Jahr neu ein Sinnbild für Auferstehung. Dürres Holz, dem wir nichts wirklich zutrauen, treibt aus und bringt Leben hervor. Erde, die kalt und hart war, wird weich und durchlässig. Die Natur zeigt ihre Kraft, Lebenslust wird sichtbar an den Farben des Frühlings.

Ein besseres Symbol für Ostern kann es kaum geben. Der Tod hat nicht das letzte Wort. Selbst wenn wir nicht sehen, dass es Leben über das Sterben hinaus gibt – es ist doch im Tod schon das Keimen des Neuen verborgen. Was wir brauchen, ist das Vertrauen: So wird es sein.

LUFT UND ATEM

Vor Angst stockt einem Menschen der Atem. Er ringt nach Luft, weil er nicht ein noch aus weiß. Ihr schnürt es die Kehle zu, weil sie so verletzt ist. Wir sehen es einem Menschen oft auch an, dass plötzlich ein frischer Wind durch sein Leben weht. Oder: der »wind of change« kündet von gesellschaftlichen Veränderungen, die in der Luft liegen. Durchatmen können, Luft holen, frischen Wind spüren, das steht für gewonnene Freiheit, für inneres Aufatmen.

Nefesch, das hebräische Wort für »Kehle«, bezeichnet auch die »Seele«. Das heißt: Meine Kehle, die atmet, steht auch für meine Seele. Wenn ich aus dem Takt gerate, meine Seele meinem Leben nicht hinterherkommt oder verletzt ist, dann stockt auch mein Atem. Menschen, die singen oder ein Blasinstrument spielen, wissen das sehr gut: Der Atem bestimmt den Ton. Wohl auch den Ton meines Lebens.

Deshalb drängt es uns an die Luft, wenn wir Sorgen haben. Tief durchzuatmen, durch die Kehle bis zur Seele, das kann Ruhe bringen. Der Seele Luft verschaffen.

GLAUBEN

»Sie können doch in einer wissenschaftlich geprägten, aufgeklärten, von Technologie bestimmten Welt nicht an Gott glauben! Das ist unglaubwürdig!«, konfrontierte mich jemand in einer Diskussionsrunde. Warum wird Gottvertrauen als Schwäche angesehen? Als sei es die Weltflucht von Menschen, die sich mit den Umständen nicht abfinden können und Angst haben vor dem Tod! »Opium des Volkes«, angenehmer Selbstbetrug?

Pistis, der griechische Begriff, den wir im Deutschen mit »Glauben« übersetzen, heißt »Treue« und »Vertrauen«. Martin Luther hat einmal gesagt: *Glaube ist eine lebendige, verwegene Zuversicht auf Gottes Gnade. Und solche Zuversicht macht fröhlich, mutig und voll Lust zu Gott und allen Geschöpfen.* Gleichzeitig wusste er, dass zum Glauben immer auch Anfechtung und Zweifel gehören, ja, dass sie wohl Geschwister des Glaubens sind. Das gilt auch in unserer hoch technisierten Zeit: Wer glaubt, wagt Vertrauen und hat die feste Zuversicht, dass Gottes Welt mehr und größer ist als das, was wir sehen und begreifen. Und dass Gottes Ewigkeit über unser begrenztes Leben hinausgeht.

STRAND

Wenn ich an einen Strand komme, fällt es mir schwer, die Schuhe nicht abzustreifen. Die Kälte könnte mich abhalten, ja. Aber selbst die nehme ich in Kauf für dieses Gefühl, mit der Erde verbunden zu sein und dem Wasser immer wieder spielerisch auszuweichen. Die Muscheln zu spüren, manchmal schmerzhaft scharfkantig. Es ist ein Erleben von Ursprünglichkeit, die oft verloren geht im Alltag.

Wenn ich Kinder beobachte, die im Sand spielen, buddeln, Wasser tragen, Burgen bauen und darum kämpfen, dass sie nicht von den Wellen zerstört werden, denke ich, das muss ihrer Seele gut tun. Sie erleben Freiheit und Kreativität, Energie und Lebenslust. Diese Unmittelbarkeit, dieses Spüren und Erleben verankert sich tief in der Seele. Solche Momente, solche Erfahrungen geben Kraft für Zeiten, in denen alles schwer scheint und belastend.
Solche Momente in der Erinnerung zu horten, solche Erfahrungen tief in dir festzuhalten, das kann ein Lächeln auf dein Gesicht bringen, wenn du auf sie zurückblickst.

REGENBOGEN

Ein Regenborgen kann atemberaubend sein. Er bringt uns zum Staunen, mitten in unserer durchgestylten, digital vernetzten Welt. Ich stehe da und sehe das Farbenspiel, ich kann erklären, wie es entsteht – und bin doch einfach nur begeistert, möchte festhalten, was ich sehe.
Ein Regenbogen strahlt etwas ungeheuer Tröstliches aus. Er begeistert und ermutigt. Vielleicht liegt das daran, dass wir wissen oder ahnen: In ihm liegt, biblisch gesehen, ein Versprechen. Denn in der Bibel sagt Gott dem Menschen nach der grausamen Zerstörung der Sintflut einen Bund zu. Nie wieder will Gott die Erde vernichten. Sommer und Winter, Saat und Ernte, sie sollen erhalten bleiben, damit der Mensch Vertrauen in die Zukunft hat. Gott sagt in der biblischen Erzählung zu, diesen Bund zu halten in guten wie in schlechten Tagen. Das ist beruhigend, das trägt und hält mich. Was immer geschieht: Der Regenbogen ist wie ein Versprechen der Nähe Gottes. Und dieses Symbol spricht für sich, vor dreitausend Jahren wie auch heute im 21. Jahrhundert. Das allein ist erstaunlich.
Manchmal aber beschleicht mich auch ein Unbehagen. Könnte es sein, dass der Mensch als Bündnispartner den »Vertrag« infrage stellt? Sind wir es, die den Rhythmus des Lebens zerstören?

WINTER

Ich mag den Winter nicht. Im November zu wissen, wie furchtbar lange es dauern wird, bis die Bäume wieder Blätter tragen, alles grau in grau, das kann deprimierend sein. Der Dezember ist noch erträglich: Advent, Weihnachtsfeierlichkeit und Jahreswechsel bergen Rituale von Licht und Schatten, die uns beheimaten, hineinnehmen in die große Geschichte des christlichen Glaubens und der menschlichen Umbrüche. Aber dann folgen Januar und Februar, erst ganz langsam werden die Tage wieder länger, noch nirgends zeigt sich ein Vorbote von Frühling.

Manches Mal aber denke ich an solchen grauen, stürmischen Tagen: sie sind eben auch Symbol. Für Zeiten der Leere im Leben. Für die Unterbrechung glücklicher und farbenfroher Tage durch Phasen der Trauer, der Suche nach einem Neuanfang. Für Stürme im Leben, in denen wir standhalten müssen. Und wenn Schnee fallen sollte, kann er die Dunkelheit leuchten lassen – was für eine sinnliche Erfahrung! Also mache ich meinen Frieden mit dieser Jahreszeit. Sie hat ihre Vorzüge. Vor allem lehrt sie hoffen, dass es wieder hell sein wird, Farben neu hervorbrechen auch nach grauen, tristen Tagen. Insofern lebe ich gern in einer Weltregion, die den Wechsel der Jahreszeiten kennt, in der die Natur die Jahre gliedert und nicht steter Gleichklang herrscht.

ABGRUND

Am Abgrund stehen. Und wissen: Noch ein Schritt, dann verändert sich alles, du gefährdest dich selbst oder auch all das, was du erreichen wolltest. Abgrund, das kann ein Verhängnis sein, eine Situation ohne Ausweg. Aber auch eine Art Versuchung ...
Abgründe tun sich auf und gefährden dein Leben, ganz real, etwa wenn dich die Nachricht einer schweren Erkrankung trifft. Wenn ein Mensch, den du liebst, stirbt. Wenn dein Lebenskonzept wankt, weil du deinen Arbeitsplatz verlierst oder deine Ehe scheitert. Und es gibt Abgründe in uns selbst. Gedanken, die wir verdrängen, Gefühle, die wir verbergen, die aber plötzlich an die Oberfläche drängen, unaufhaltsam.

In Psalm 139 heißt es: *Herr, du erforschest mich und kennest mich.*
Ich sitze oder stehe auf, so weißt du es; du verstehst meine Gedanken von ferne.
Ich gehe oder liege, so bist du um mich und siehst alle meine Wege.
Denn siehe, es ist kein Wort auf meiner Zunge, das du, Herr, nicht schon wüsstest.
Von allen Seiten umgibst du mich und hältst deine Hand über mir.

Das bedeutet: Gott kennt mich. Auch mit allem Schmerz, mit dem, was misslingt oder mich ängstigt. Deshalb kann ich mich Gott anvertrauen. Wenn wir über den Abgrund sprechen können, zumindest mit Gott, wenn möglich mit Freundinnen und Freunden, verliert er seine Bedrohlichkeit. Im Reden wie im Beten kann ich die Angst verlieren und nach Wegen über den Abgrund hinaus suchen.

ENDLICHKEIT

Immer wieder erstaunt mich, dass Menschen so vollkommen überrascht sind, wenn Krankheit oder Tod in ihr Leben eintreten. Denn eines wissen wir doch ganz sicher: Das Leben ist sehr verletzlich, und es ist endlich. Ein Unfall geschieht schnell, eine Krankheitsdiagnose kann jederzeit in unser Leben einbrechen. Und dann wird uns bewusst: Es geht nicht immer so weiter.
Mich zu fragen, was ich mit meiner begrenzten, endlichen Lebenszeit anfangen möchte, welche Ziele ich habe, wie ich am Ende dastehen will vor mir selbst, vor meinen Mitmenschen, vor Gott, das ist ein Prozess, der mir hilft, zu sortieren und zu entscheiden. Worauf kommt es wirklich an?

Dabei geht es auch darum, die Endlichkeit zu würdigen, anzuerkennen in unserem Umgang mit ihr. Darum ist es auch wichtig, dass wir eine Bestattungskultur aufrechterhalten. Wie wir mit den Sterbenden und Toten umgehen, zeigt viel von unserem Menschenbild. Ob wir darüber sprechen können, wie wir sterben wollen, wie eine Trauerfeier aussehen soll, das ist auch eine Frage der Würde. Die Rituale zu praktizieren, vom Abschied aus dem Haus beim Einsargen über die Trauerfeier bis zur Trauerzeit danach, auch das gibt unserem Leben Form und Halt.

LEBENSLUST

Der Anblick eines Klatschmohnfeldes bringt mich zum Lächeln. Wie farbenprächtig ist die Natur, wie bunt das Leben! *Himmel, Erde, Luft und Meere sind erfüllt von deinem Ruhm, alles ist dein Eigentum,* singen wir in einem Kirchenlied. Solche überschwängliche Lebensfreude dürfen wir spüren und auch im Glauben erleben. Allzu oft wird Christsein mit einer gewissen Lebens- und Lustfeindlichkeit verwechselt – das ist ein Trauerspiel, finde ich.
Wie könnte Gott keine Lebensfreude haben, wo so viel Schönes und Lustvolles aus der Schöpfung hervorgegangen ist? Warum sollten Gottes Geschöpfe griesgrämige Kreaturen sein? Das ist doch ein Widerspruch in sich selbst!
Wir glauben an den Auferstandenen und nicht an einen Toten. Es wäre schön, wenn sich diese fröhliche Gewissheit auf den Gesichtern spiegeln würde. Wie heißt es in der Bibel: *Seid fröhlich in Hoffnung!*

ERDE

Für viele Naturvölker ist »Mutter Erde« eine Gottheit. Ich kann das nachvollziehen. Die Erde ernährt uns. Wo sie verdorrt, hungern Menschen. Wo sie keimt, wachsen Nahrung und Leben. Und Erde beheimatet uns. Als bei der Beerdigung von Klaus von Bismarck der polnische Priester Erde von dem Gut, dass dieser einst in Pommern besessen hatte, in das Grab in Hamburg warf, hat das alle Anwesenden sehr berührt ...
Erde zu be-greifen und anzufassen, ist eine sehr sinnliche Erfahrung. In einer Großstadt ist das nicht so leicht zu machen. Aber wie schön ist es, mit den Händen in der Erde zu wühlen, zu säen, zu pflanzen, zu ernten! Und wie traurig, dass viele Menschen das nicht mehr erleben. Ein Samenkorn in die Erde zu setzen und es keimen zu sehen. Wenn es eine Bohne war: die Früchte zu ernten! Es ist, als könnten wir einem Wunder zuschauen. Von wegen, es gibt keine Wunder ...

Jesus nimmt ein Samenkorn zum Gleichnis für das Reich Gottes. Auch wenn es klein ist wie ein Senfkorn, kann es mitten unter uns heranwachsen und groß werden. Wir müssen nur hinschauen.

NACHT

Was verbinden wir nicht alles mit der Nacht! Angst vor dem Dunkel des Lebens und der Welt. Als Kind: den Zwang, zu Bett gehen zu müssen. Als Erwachsene: den Wunsch, zu Bett gehen zu dürfen und alles loslassen zu können! Schweißgebadetes Erwachen ... Schlaflosigkeit mit ihren Sorgen und Fragen. Angst vor den Albträumen, die uns verfolgen. Aber auch: Zeit der Träume und der Liebkosung. Zärtliche Gefühle und Sich-aneinander-Kuscheln. Entspanntes Dahindämmern und erholsamer Schlaf, in dem wir neue Kraft schöpfen.

Die Nacht hält vieles bereit. Auf Dauer aber wäre sie bedrückend und belastend. Und so ist mit der Nacht immer die Sehnsucht nach dem Morgen verbunden, weil der Morgen Licht, Lebensfreude, Zukunft verspricht. *Die Nacht ist vorgedrungen, der Tag ist nicht mehr fern. So sei nun Lob gesungen dem hellen Morgenstern. Auch wer zur Nacht geweinet, der stimme froh mit ein. Der Morgenstern bescheinet auch deine Angst und Pein.* Dieses Lied von Jochen Klepper hat schon manchen Menschen getröstet. Die Nacht wird nicht bleiben. Wie jede Nacht werden auch die dunklen Zeiten unseres Lebens ein Ende finden. So ist das Wissen, dass es Morgen werden wird, ein Zeichen der Hoffnung.

NEBEL

Heute Morgen beim Joggen im Wald war der Nebel allgegenwärtig. Es war, als wären wir zwei Laufenden allein auf der Welt. Niemand war vor uns zu sehen, niemand hinter uns, nur der nächste Baum, alles andere unerkannt, schemenhaft. Die Spinnweben glitzerten wie Kunstwerke auf faszinierende Weise im Tau. Der Nebel macht alles fremd. Und wir darin unerkannt, nach dem rechten Weg suchend.

Unheimlich kann Nebel sein, verstörend. Aber wenn Nebel sich dann lichtet, die Konturen wieder klar erkennbar werden, ist das wie ein Erwachen von neuer Lebenskraft und Energie. Auch das ist ja ein Symbol für unser Leben: Es gibt Phasen, in denen wir nicht sehen, wohin der Weg führt. Und dann auf einmal erscheint alles klarer, und wir können mit Zuversicht die nächsten Schritte gehen.

EINSAMKEIT

Allein in einer Landschaft: Viele Menschen suchen Zeiten, in denen sie allein sind, um sich zu besinnen, innere Ruhe zu finden. Abstand vom Getöse des Alltags mit seinen Anforderungen zu gewinnen, vom Lärm der Gegenwart, vom Stimmengewirr. Das können Zeiten sein, die uns stärken. Aber es können auch schwere Erfahrungen sein, wenn wir Einsamkeit spüren, das Gefühl haben, verlassen zu sein.

Wenn du eine solche Phase im Leben durchlebst, ja überlebst und die Einsamkeit überwindest, weißt du klarer, wer du bist; welche Beziehungen dir wichtig sind und was oberflächlich war und bleibt. Es tut weh, Einsamkeit zu erleben. Und es ist traurig und furchtbar, wenn Menschen in der Einsamkeit steckenbleiben. Aber eine Phase des Alleinseins und auch der Einsamkeit kann uns stärken fürs Leben. Und sie lehrt uns Mitgefühl mit Menschen, die durch solche Zeiten gehen.

LICHT

Das wechselnde Spiel des Lichtes in den Tages- und Jahreszeiten ist immer wieder faszinierend. Die unterschiedlichen Farbtöne, die veränderte Leuchtkraft berühren uns.

Das Licht scheint in der Finsternis – so lautet einer der ersten Verse des Johannesevangeliums. Jesus Christus ist gemeint, als Licht der Welt. Seine Überwindung des Todes verstehen Christen als Licht, das in alles Sterben, alles Leid, allen Kummer hineinscheint. Wer Dunkelheit erlebt, ganz unmittelbar oder in bestimmten Lebenssituationen, kennt die Sehnsucht nach Licht. Das Vertrauen auf Licht ist deshalb für mich immer auch Gottvertrauen. Es wird wieder hell werden, ein neuer Anfang ist möglich.
Ein Mann, der auf einem Bauernhof fernab anderer Häuser lebte, erzählte, dass sie für den Notfall, wenn der Strom wegblieb, an einem bestimmten Ort stets Kerzen und Streichhölzer bereithielten. Auch in der tiefsten Dunkelheit wussten alle, wo sie zu finden waren, damit es licht, hell wurde. Für mich ist auch das ein Gleichnis für den Glauben. Glauben heißt dann: zu wissen, wo ich Halt finde, wenn es finster wird. Wo das Licht ist, auch wenn ich Dunkelheit erfahre.

WEITE

Es kann sehr eng werden im Leben. Da ist alles wie vorgefertigt und zugeplant, kein Ausweichen mehr möglich, der Alltag ist festgezurrt von all den Ansprüchen, die wir selbst, der Beruf oder die Familie an uns haben.

Du stellst meine Füße auf weiten Raum, sagt der Psalmbeter (Ps 31,9). Das heißt doch, dass Gott mir Weite zumutet. Dass Weite mich nicht ängstigen muss, sondern dass ich gestellt und damit auch gehalten bin! Ich verstehe das so, dass ich mit einem Bein geerdet bin in meinem Glauben, der Tradition meiner Vorfahren, der Kultur meines Landes, den Verpflichtungen gegenüber meiner Familie, den Anforderungen im Beruf. Aber es gibt auch ein Spielbein in meinem Leben. Das darf sich bewegen. Aufbrüche darf ich wagen. Mut zur Weite, zur Überwindung von Grenzen darf ich haben. Enge muss nicht sein, auch nicht Glaubensenge. Gott hat mich geschaffen, mit Neugier und Lust am Entdecken unbekannter Räume in meinem Leben und in dieser Welt. Gott legt mich nicht fest auf das, was war, sondern eröffnet immer wieder neue Möglichkeiten. Spielräume.

AUTORINNEN

MARGOT KÄSSMANN

Margot Käßmann, Prof. Dr. theol., Dr. h. c., Theologin und Pfarrerin.
Von 1994 bis 1999 Generalsekretärin des Deutschen Evangelischen Kirchentags, von 1999 bis 2010 Bischöfin der Evangelisch-lutherischen Landeskirche Hannovers, 2009/2010 Ratsvorsitzende der Evangelischen Kirche in Deutschland (EKD). 2011 Gastprofessur an der Ruhr-Universität Bochum.
Ab April 2012 Botschafterin der EKD für das Reformationsjubiläum im Jahr 2017.
Mutter von vier erwachsenen Töchtern.
Zahlreiche Veröffentlichungen; zuletzt bei Herder unter anderen: »In der Mitte des Lebens« (^{6}2011), »In Gottes Hand gehalten. Frauengebete« (Herausgeberschaft, ^{3}2011), »Mütter der Bibel« (Taschenbuchausgabe 2010).

MONIKA LAWRENZ

Monika Lawrenz, Fotografin. Studium an der Hochschule für bildende Künste Hamburg. Als Filmemacherin realisierte sie Auftragsproduktionen für 3sat, das ZDF und für den NDR. Sie arbeitet als Fotografin für namhafte Stiftungen, Unternehmen und Kulturinstitutionen. Ihre fotografische Arbeit mit Künstlern und Musikern hat sie in den Fotobüchern »KUNST UND KÜNSTLER in Mecklenburg-Vorpommern«, »KLANGBILDER – Die Mecklenburgische Staatskapelle Schwerin« und »MUSIKBILDER – Die Festspiele Mecklenburg-Vorpommern« veröffentlicht. Sie ist Mutter von zwei erwachsenen Töchtern.

BILDERVERZEICHNIS

DANKSAGUNG

Für ihre guten Ratschläge und Empfehlungen danke ich Roswitha und Reinhart Gruner, Wiebke Hinsch, Joachim Bentrup, Lorita Jäger, Antje und Ralf Koch, Angelika Kostial. Ein besonderer Dank für die fachliche Betreuung gilt Dr. Ulrich Sander.

Monika Lawrenz

Biblische Texte sind wiedergegeben nach der Lutherbibel,
revidierter Text 1984, durchgesehene Ausgabe in neuer Rechtschreibung

Das Zitat von Schalom Ben-Chorin auf Seite 20 ist aus seinem Lied
»Freunde, dass der Mandelzweig … «

Das Zitat aus Jochen Kleppers »Weihnachtslied« auf Seite 78 ist entnommen aus:
Jochen Klepper, Ziel der Zeit. Die gesammelten Gedichte

www.herder.de

Redaktion: Gabriele Hartlieb

Fotografien auf dem Umschlag und im Innenteil:

www.monikalawrenz.de

Gesamtgestaltung:
Simone Angerer Kommunikationsdesign, Hamburg
www.simoneangerer.de

Herstellung:
fgb · freiburger graphische betriebe
www.fgb.de

Gedruckt auf umweltfreundlichem,
chlorfrei gebleichtem Papier
Printed in Germany
ISBN 978-3-451-32489-5